AF494225

INSTRUCTION

SUR LE CARACTÈRE DES ACCIDENS AUXQUELS LES OUVRIERS MINEURS SONT EXPOSÉS,

Et sur la nature des Secours qui doivent leur être administrés lorsque ces accidens ont lieu.

INSTRUCTION
SUR LE CARACTÈRE DES ACCIDENS AUXQUELS LES OUVRIERS MINEURS SONT EXPOSÉS,

Et sur la nature des Secours qui doivent leur être administrés lorsque ces accidens ont lieu ;

RÉDIGÉE

Par M. SALMADE, Docteur en médecine, membre de la Société de médecine de Paris, du Cercle médical, du Comité central de vaccine établi près Son Excellence le Ministre de l'intérieur, &c.,

EN EXÉCUTION DU DÉCRET DU 3 JANVIER 1813.

A PARIS,
DE L'IMPRIMERIE IMPÉRIALE.

1813.

DIRECTION GÉNÉRALE DES MINES.

INSTRUCTION

Sur le caractère des Accidens auxquels les OUVRIERS MINEURS *sont exposés, et sur la nature des Secours qui doivent leur être administrés lorsque ces accidens ont lieu.*

OBSERVATIONS PRÉLIMINAIRES.

LES nombreux accidens auxquels les mineurs et les ouvriers des usines métallurgiques sont exposés, rendent nécessaire la publication d'une instruction courte et claire sur la nature de ces accidens, et sur les remèdes qu'ils réclament.

C'est pour remplir, à cet égard, les intentions bienfaisantes et les vues éclairées de Son Excellence le Ministre de l'intérieur, que M. le Comte *Laumond*, directeur général des mines, nous a chargés de rédiger cet abrégé.

Nous y avons indiqué les dangers auxquels les ouvriers sont exposés par l'aspiration des divers gaz méphitiques formés dans les mines, et nous avons décrit les remèdes qu'il faut sur-le-champ administrer aux individus asphyxiés par ces exhalaisons, pour les rappeler à la vie.

Le traitement que nous prescrivons est le plus généralement employé, et celui qui réussit le plus souvent.

Nous avons détaillé les secours qu'il faut donner aux personnes submergées, et nous avons rappelé, à l'égard des asphyxiés et des noyés, le seul signe qui distingue la mort réelle de celle qui n'est qu'apparente.

Enfin, nous avons successivement traité des accidens produits par les inflammations souterraines, par les vapeurs de l'arsenic, du plomb et du mercure, et nous avons dit quelques mots des fractures.

Nous avons soigneusement détaillé les symptômes à l'aide desquels on reconnaît exactement la nature, le degré et les effets de chacun de ces accidens, connaissance à laquelle on ne peut trop s'attacher pour pouvoir donner sur-le-champ les remèdes nécessaires.

Nous avons toujours choisi pour les traitemens que nous conseillons, les méthodes les plus sûres, et en même temps les plus commodes et les plus faciles à suivre à l'égard des ouvriers.

Nous espérons qu'on retirera de grands avantages de l'emploi de ces remèdes, dont la vertu est constatée par une longue expérience.

Nous avons sur-tout, dans ce précis, recherché la concision et la clarté, pour que les directeurs des mines ou leurs préposés pussent, au besoin, donner eux-mêmes les premiers secours, qui doivent être d'autant plus prompts que les accidens deviennent quelquefois mortels avant l'arrivée du chirurgien.

Cette instruction sera, pour les directeurs des mines, un guide sûr et invariable, d'après lequel ils reconnaîtront le besoin d'appeler l'officier de santé, pour qu'il achève ce traitement, après l'emploi de ces premiers moyens, dont l'effet est depuis long-temps éprouvé.

Les méthodes que nous adoptons, sont, sans doute, susceptibles de perfectionnement, et l'on ne pourrait trop desirer que les médecins à portée, par la nature et l'étendue de leur pratique, de bien connaître cette matière et de bien juger les écrits dont elle est le sujet, adressassent à M. le directeur général des mines leurs observations sur le traitement que nous conseillons, avec les changemens propres à rectifier ou à perfectionner nos préceptes.

C'est avec le plus vif et le plus sincère empressement que nous profiterons des lumières de leur expérience, et de tous les conseils qui, tournant au profit de l'humanité, hâteraient dans cette partie les progrès de l'art.

ASPHYXIE.

Les mineurs sont exposés à être asphyxiés, lorsque la circulation de l'air ne se fait pas avec assez d'activité, lorsque la substance qu'ils extraient exhale une grande quantité de gaz délétères, lorsqu'ils pénètrent imprudemment dans des travaux anciens et abandonnés, enfin lorsque la combustion du gaz hydrogène se fait trop rapidement.

Les signes de l'asphyxie, toujours faciles à reconnaître, sont la cessation subite de la respiration, des battemens du cœur, du mouvement et de toutes les fonctions sensitives; le visage se gonfle et se marque de taches rougeâtres, les yeux deviennent saillans, les traits se décomposent, et la face est souvent livide.

La plupart des asphyxies auxquelles les ouvriers mineurs sont exposés, ont pour cause le défaut d'air respirable; elles exigent, en conséquence, le même traitement, sur-tout dans l'administration des premiers secours; et ce n'est qu'après le retour des asphyxiés à la vie que l'on peut faire cesser, par un traitement approprié à leur situation, l'état d'infirmité où ils se trouvent encore.

C'est de l'ouvrage de M. *Portal* que nous emprunterons la description du traitement de l'asphyxie. Pendant plus de vingt ans, nous avons suivi cette méthode sous la direction de ce célèbre praticien, et les résultats d'une longue expérience peuvent maintenant la faire regarder comme la meilleure.

Il faut secourir un asphyxié avec la plus grande promptitude, et lui continuer les secours avec persévérance, tant qu'on n'a pas la certitude que la vie est complètement éteinte.

Le meilleur et le premier remède à employer, celui dans lequel on doit mettre la plus grande confiance, est le renouvellement de l'air, si nécessaire à la respiration : souvent il suffit pour tirer de l'asphyxie les malades qui ne sont pas depuis trop long-temps privés du mouvement.

En conséquence, 1.° on retirera promptement du lieu méphitisé l'individu asphyxié; on l'exposera au grand air.

2.° On le déshabillera, et il lui sera fait sur le corps des aspersions d'eau froide.

3.° On essaiera de faire avaler, s'il est possible, de l'eau froide légèrement acidulée avec du vinaigre.

4.° On lui donnera des lavemens avec deux tiers d'eau froide et un tiers de vinaigre; on pourra ensuite en administrer d'autres avec une forte dissolution de sel marin [sel ordinaire] dans l'eau, ou avec le séné et le sel d'epsom.

5.° On tâchera d'irriter la membrane pituitaire, avec la barbe d'une plume qu'on remuera doucement dans les narines de l'asphyxié, ou avec un flacon d'alkali volatil fluor mis sous le nez.

6.° On introduira de l'air dans les poumons, en soufflant avec un tuyau dans l'une des narines, et en comprimant l'autre avec les doigts : on se servira à cet effet de la canule qui existe dans la boîte-entrepôt.

7.° Si ces secours ne produisaient pas assez promptement l'effet qu'on doit en attendre, le corps de l'asphyxié conservant de la chaleur, comme cela a lieu ordinairement pendant long-temps, il faudra recourir à la saignée, dont la nécessité sera suffisamment indiquée si le visage est rouge, si les lèvres sont gonflées et les yeux saillans.

La saignée de la jugulaire produirait un effet plus prompt : à défaut de cette saignée, on ferait celle du pied.

8.° On pourrait, pour dernier moyen, pratiquer une ouverture dans la trachée-artère, et y introduire un petit tuyau, dans lequel on pousserait l'air à l'aide d'un petit soufflet.

Il faut mettre la plus grande activité dans l'administration de ces divers secours : plus on tarde à les employer, plus on doit craindre qu'ils ne soient infructueux ; et comme la mort peut n'être qu'apparente pendant long-temps, il ne faut renoncer à les continuer que lorsqu'elle est bien confirmée.

L'absence des battemens du pouls n'est point un signe certain de la mort.

Le défaut de respiration n'est pas suffisant pour la constater.

On ne doit pas non plus regarder comme morts les individus dont l'haleine ou la transpiration pulmonaire ne ternirait pas le poli d'une glace, ni ceux dont les membres sont roides et qui paraissent insensibles.

La putréfaction est le seul vrai signe de la mort : c'est donc un devoir sacré d'attendre, avant d'ensevelir un corps asphyxié, qu'il soit réduit à cet état où la mort ne puisse plus être douteuse.

Mais souvent, après avoir continué quelque temps avec persévérance à administrer les secours à un asphyxié, on entend un léger soupir qui se renouvelle au bout de quelques minutes.

Ces soupirs sont bientôt suivis de petits hoquets. Aussitôt que le malade donne un premier signe de vie, on fait des frictions avec des serviettes sur toutes les parties du corps, on le place dans un lit, on lui fait avaler quelques cuillerées d'eau toujours acidulée avec du vinaigre, ou bien quelques cuillerées d'eau et de vin ; enfin on a soin d'entretenir dans la chambre un courant d'air frais sans lequel il risquerait de retomber dans son premier état.

NOYÉS.

La submersion dans l'eau ou dans tout autre fluide, produit, lorsqu'elle est prolongée pendant un certain temps, une suffocation ou espèce d'asphyxie telle, qu'en retirant les corps, on les croirait privés de la vie : cependant elle n'est pas totalement éteinte, et elle peut encore se ranimer , lorsque la submersion n'a pas été trop longue.

Un noyé se reconnaît à l'absence de la respiration, des battemens du cœur , du mouvement, des fonctions sensitives : le corps est pâle et froid , le visage bleuâtre et gonflé ; une écume rougeâtre s'écoule de la bouche ; enfin , le ventre se météorise , et la peau prend une teinte plombée , lorsque le corps a long-temps demeuré sous l'eau.

L'irritabilité du cœur survit encore long-temps à la suspension des fonctions dans les autres organes. Il est donc possible de rappeler à la vie ceux dont les propriétés vitales ne sont pas éteintes : mais les momens sont précieux ; il faut que les secours soient prompts, continués long-temps et sans interruption, afin qu'ils réussissent ; et loin d'abandonner les noyés par découragement , il faut se persuader que la putréfaction est à leur égard , comme pour les asphyxiés, le seul signe d'une mort certaine.

Les secours doivent être administrés le plus promptement possible, dans l'endroit qu'on jugera le plus convenable.

Il faut y transporter le noyé sur un brancard ou une civière , dans une voiture , ou même sur une charrette , dans laquelle on aura mis de la paille ou un matelas , ayant soin de tenir le corps du noyé couché sur le côté , la tête élevée ; et en dehors d'une bonne couverture de laine qui lui enveloppera tout le corps.

Deux ou plusieurs personnes peuvent aussi le porter sur leurs bras ou sur leurs mains jointes ; on évitera sur-tout que, dans le transport, il éprouve de violentes secousses : tous les mouvemens rudes ou brusques peuvent éteindre facilement le peu de vie qui lui reste.

Le noyé étant arrivé au lieu où les secours doivent lui être administrés, on lui enlevera le plus vîte possible ses vêtemens, en les fendant d'un bout à l'autre avec un couteau ou des ciseaux.

Après avoir déshabillé le noyé, on l'enveloppera largement dans la couverture de laine, et on le couchera sur un ou deux matelas à terre, ou sur un lit peu élevé, près d'un grand feu, en observant de le maintenir aussi sur le côté, la tête élevée avec un ou deux oreillers un peu durs, et couverte d'un bonnet de laine.

Sous cette large couverture, on fera aussitôt à la surface du corps, et principalement sur le bas-ventre, des frictions avec des étoffes de laine, d'abord sèches et bien chaudes, ensuite imbibées de quelques liqueurs spiritueuses, telles que l'eau de mélisse, l'esprit-de-vin, l'eau-de-vie camphrée, l'ammoniac, le vinaigre des quatre-voleurs.

Pour parvenir à réchauffer le noyé, on remplira d'eau chaude, aux deux tiers, les vessies contenues dans la boîte-entrepôt, et on les appliquera sur la poitrine, vers la région du cœur et sur le ventre : on fera bien aussi de placer sous la plante des pieds une brique chaude recouverte d'un linge.

On lui poussera de l'air dans les poumons; et la meilleure manière d'y parvenir, c'est d'introduire le tuyau d'un soufflet dans l'une des narines et de comprimer l'autre avec les doigts : on peut, au défaut d'un soufflet, se servir d'un tuyau quelconque qu'on introduira par la même voie.

Il est plus avantageux de pousser l'air dans les narines que dans la bouche, parce qu'il parvient ainsi plus facilement dans la trachée artère. L'insufflation d'un air pur, faite immédiatement par les voies aériennes dans la poitrine d'un noyé, devant toujours être plus efficace que celle de l'air sortant d'une autre poitrine, ce dernier moyen ne doit être employé que dans le cas où il est impossible de faire autrement.

On fera en outre respirer au noyé de l'alkali-fluor [esprit volatil de sel ammoniac]; on lui châtouillera fréquemment le dedans des narines avec la barbe d'une plume, ou avec des rouleaux de papier tortillé en forme de mèches, légèrement trempés dans l'alkali volatil.

On versera en même temps dans sa bouche, si on le peut, une cuillerée à café d'eau de mélisse, ou d'eau-de-vie camphrée, ou de vin chaud.

Dès que le noyé commencera à jouir du mouvement de la déglutition, on en profitera pour lui faire avaler successivement quelques autres petites cuillerées des mêmes substances spiritueuses. Le noyé peut les garder dans sa bouche plus ou moins de temps avant de les avaler ; aussi faut-il observer de ne pas trop la lui remplir, jusqu'à ce que la déglutition puisse s'opérer facilement : sans cette précaution, le liquide pourrait se précipiter dans la trachée-artère et apporter un nouvel obstacle au rétablissement de la respiration.

Pour hâter le moment où le noyé doit reprendre ses sens, il faut encore lui donner des lavemens irritans.

Prenez feuilles sèches de tabac demi-once, sel ordinaire trois gros ; faites bouillir dans une suffisante quantité d'eau, pendant un quart-d'heure, et pendant qu'on administrera les autres secours ; cette eau sera ensuite passée à travers un linge : on réitérera deux ou trois fois le même lavement, ou un autre plus irritant, avec la décoction de feuilles de séné, à la dose d'une demi-once, une once de sel d'epsom et trois onces de vin émétique trouble, sur-tout si le noyé tarde à reprendre l'usage de ses sens.

La saignée ne doit pas être négligée dans les sujets dont le visage est rouge, violet, noir, et dont les membres sont flexibles et ont encore de la chaleur. La saignée à la jugulaire est la plus efficace : au défaut de cette saignée, on ferait celle du pied ; mais il faut éviter toute espèce de saignée sur des corps froids et dont les membres commencent à se roidir : on doit, au contraire, s'occuper à réchauffer les noyés qui se trouvent en pareil cas.

Il faut presser doucement avec la main, et à diverses reprises, le bas-ventre du noyé, et enfin, pour dernier secours, lui souffler dans les poumons, à la faveur d'une ouverture faite à la trachée-artère.

On a conseillé d'introduire de la fumée de tabac dans le fondement des noyés, à l'aide d'une machine fumigatoire; mais ce moyen opère un effet à-peu-près nul, en comparaison du lavement le moins irritant : je dirai même, d'après des expériences multipliées, qu'il offre plus d'inconvéniens que d'avantages.

On ne doit exciter le vomissement, à l'aide de l'eau émétisée, que lorsqu'il y a indication de quelque embarras dans l'estomac, et qu'on n'a pas à craindre de congestion vers l'organe cérébral, le vomitif pouvant y occasionner des engorgemens ultérieurs.

Nous ne saurions trop le répéter, quelque utiles que soient les secours indiqués, il faut bien se persuader qu'ils ne réussiront qu'autant qu'ils seront administrés avec ordre, pendant plusieurs heures, et sans interruption: leurs effets sont lents et presque insensibles.

Il y a des noyés qu'on n'a rappelés à la vie que sept à huit heures après qu'ils avaient été retirés de l'eau.

En général, la putréfaction est le seul vrai signe de la mort.

BRÛLURES.

BRÛLURES.

La combustion rapide du gaz hydrogène ou inflammable, les métaux rougis ou fondus, les liquides bouillans, &c., produisent une brûlure, accompagnée d'une douleur vive et d'une phlyctène ou d'une escarre, selon la profondeur. Les mineurs, dans les exploitations de houille, et les ouvriers des usines, sont particulièrement exposés à cet accident.

On doit distinguer plusieurs degrés dans les effets de la brûlure, suivant qu'il y a phlyctène, destruction du corps muqueux, altération partielle ou totale de la peau : mais la base du traitement ne change point; il faut seulement y apporter des modifications relatives à l'intensité du mal.

La première indication est d'affaiblir l'action du feu sur les tégumens. Pour y parvenir, faites, sans perdre un seul moment, des fomentations d'eau fraîche sur la partie brûlée; plongez même cette partie dans l'eau froide souvent renouvelée, et mieux encore dans *l'eau de Goulard,* autrement dite *eau végéto-minérale* [acétate de plomb étendu d'eau], dont l'activité est plus prompte. Si la brûlure a beaucoup d'étendue, placez le malade dans un bain d'eau fraîche, qu'on renouvellera tous les quarts d'heure; il y restera jusqu'à ce que l'inflammation soit tombée, et les brûlures seront ensuite pansées avec du cérat simple, ou du cérat de Saturne, étendu sur du linge vieux ou sur du papier joseph.

Les brûlures sont souvent accompagnées de phlyctènes, qu'il ne faut pas ouvrir lorsqu'elles sont peu volumineuses, parce qu'elles peuvent, dans ce cas, se terminer par résolution ; mais lorsqu'elles ont une certaine étendue, la suppuration est inévitable. Alors on donnera issue à la sérosité, en faisant une très-petite ouverture : l'épiderme ainsi laissé sur la plaie la préserve du contact de l'air, qui produit une très-vive douleur, et fait prendre au pus un mauvais caractère.

Si la brûlure est très-étendue, profonde, avec des escarres ou des croûtes, il faut joindre à l'application des corps gras, des fomentations d'eau de guimauve ; par ce moyen on favorise la suppuration, et le pus détache peu à peu les croûtes et les escarres.

Les pansemens seront renouvelés deux fois par jour, si la suppuration est abondante. Si la gangrène se montre et s'étend, on se hâtera de la borner par l'emploi des antiseptiques, et sur-tout des spiritueux camphrés et du quinquina. S'il survient du dévoiement, il sera combattu par la décoction de riz : on fera prendre aussi au malade un gros de diascordium, tous les soirs, et des lavemens avec la décoction de graine de lin et de têtes de pavot.

Les brûlures du visage, des paupières, exigent en outre une attention particulière, pour qu'il n'en résulte point de difformité. Il est sur-tout nécessaire d'employer des bandages convenables, pour empêcher que les parties qui sont naturellement séparées ne se collent et ne se cicatrisent ensemble. En général, la guérison des brûlures est longue, difficile, et la cicatrisation s'en fait avec peine.

Le régime doit être humectant et calmant ; le malade prendra pour boisson une décoction d'orge ; il sera mis à la diète, lorsque les symptômes fébriles sont violens et que l'inflammation est considérable : en général sa nourriture doit être légère, et le repos lui est de toute nécessité.

FRACTURES.

Parmi les accidens qui surviennent aux ouvriers chargés de l'exploitation des mines, il faut compter les fractures ou solutions de continuité des os.

Elles sont simples, composées ou compliquées, suivant qu'il y a un ou plusieurs os fracturés ; que la fracture est accompagnée de plaies, d'esquilles, &c. ; on les reconnaît à la douleur, au gonflement, à l'impossibilité des mouvemens, à la configuration contre nature de la partie fracturée ; enfin, à sa crépitation.

Le traitement des fractures varie suivant leur état simple ou leurs diverses complications. Il faut réduire les fractures et les maintenir réduites, au moyen de bandages et d'appareils propres à chacune d'elles ; corriger les accidens, et prévenir ceux qui peuvent survenir, par des remèdes généraux ou locaux ; mais pour remplir ces deux indications, il n'y a pas de méthode applicable à tous les sujets indistinctement, et les remèdes doivent, suivant les règles de l'art, varier relativement aux circonstances et à la nature des accidens.

EMPOISONNEMENS PAR L'ARSENIC.

De tous les poisons à l'action desquels sont exposés les mineurs, l'arsenic est un des plus violens.

Si l'on a avalé une certaine quantité d'arsenic, soit par accident, soit par l'aspiration des vapeurs en forme de poussière de ce métal extrêmement volatil, on éprouve, suivant la dose de cette substance métallique, un froid qui se répand par tout le corps, et auquel succèdent une chaleur insupportable au gosier, à l'œsophage, des douleurs vives à l'estomac et aux intestins, une soif inextinguible, l'abattement des forces et les vomissemens. Il survient des anxiétés, des angoisses ; le ventre s'affaisse et se durcit, le pouls est petit et concentré ; la fièvre s'allume souvent avec des convulsions et de violentes tranchées accompagnées de déjections fétides, de défaillances, et enfin de sueurs froides, signes avant-coureurs de la mort.

Si le malade survit à ces accidens, il lui reste une grande irritation du système musculaire, des palpitations, un tremblement de tous les membres, ce qui a lieu également lorsque l'arsenic a été pris en très-petite dose, ou lorsqu'il n'a pas produit de symptômes aigus ; et cet état est souvent suivi, soit d'inflammations chroniques de la membrane muqueuse de l'estomac ou des intestins, soit de phthisie pulmonaire, de marasme et de fièvre hectique, qui font traîner une vie languissante et finissent par faire périr.

On aidera le vomissement en faisant boire abondamment de l'eau tiède : s'il n'y a point de vomissement et qu'il y ait déjà quelque temps que l'arsenic ait été avalé, on fera prendre un verre de lait tous les quarts d'heure, et au défaut de lait, on donnera une décoction de racine de guimauve, ou de graine de lin, ou une dissolution de gomme arabique à la dose d'une demi-once dans une pinte d'eau.

Si la fièvre qui survient est vive, que le malade soit sanguin, jeune et fort, enfin s'il y a des signes d'inflammation, on aura recours à la saignée du bras qui préviendra cette inflammation. La saignée sera toujours proportionnée à l'intensité des accidens et aux forces du malade.

On donnera des lavemens avec la décoction de mauve, de pariétaire, de bouillon blanc, de graine de lin, de têtes de pavot; on mettra le malade dans un bain tiède à plusieurs reprises, et on l'y tiendra des heures entières.

Dans l'intervalle des bains, on lui fera des fomentations sur le ventre, avec des flanelles trempées dans la décoction des plantes émollientes que nous venons d'indiquer.

Quant aux accidens chroniques auxquels l'arsenic donne lieu, on les combattra en faisant prendre du lait pour toute nourriture, plus ou moins de temps, suivant la gravité du danger. Ce n'est que par un régime lacté et sévère, ce n'est que par un long usage de bouillons de grenouilles, ou de limaçons, ou de mou-de-veau, enfin par un emploi bien ordonné de tous ces moyens, qu'on pourra remédier aux désordres que les parcelles arsenicales ont produits dans l'économie animale.

Le succès de ce traitement dépend encore du peu de temps qui s'est écoulé entre l'accident et l'administration des secours.

M. *Navier* a proposé de recourir au sulfure de potasse, à la dose d'un gros, dissous dans une pinte d'eau chaude, qu'il fait boire au malade à plusieurs reprises ; et lorsque les premiers symptômes sont dissipés, il conseille les eaux minérales sulfureuses, qui remédient en effet, comme le prouve l'expérience, aux suites de l'empoisonnement, affermissent la guérison, dissipent la faiblesse, la langueur, et ramènent la santé.

COLIQUE DE PLOMB.

Les individus que le contact habituel des oxides de plomb et des préparations de ce métal, expose au danger d'en aspirer des molécules, sous forme de poussière ou vapeur, par la bouche et par les narines, comme les peintres, les vernisseurs, et sur-tout les ouvriers des usines où l'on traite les minérais de plomb, sont tous sujets à une maladie connue sous le nom de *colique des peintres*, *colique métallique*, ou *colique de plomb*, causée par l'irritation inflammatoire que les molécules de ce métal excitent sur la membrane interne de l'estomac et des intestins.

La maladie se reconnaît à une langueur et à un abattement qui se manifestent tout-à-coup. Il survient des douleurs violentes à l'estomac, puis dans les autres parties du ventre, mais principalement autour du nombril ; l'ombilic s'enfonce, les muscles de l'abdomen se contractent fortement : il y a constipation opiniâtre, tournoiement de tête, nausées fréquentes, vomissemens d'une bile verte et poracée, soif excessive, petitesse et inégalité du pouls, pâleur du visage, diminution ou même suppression des urines : les douleurs deviennent insupportables ; elles sont mêlées d'anxiétés, de convulsions, qui forcent les malades à se tortiller et à se rouler sur le sol ; quelquefois les extrémités supérieures sont frappées d'engourdissement, de stupeur, et enfin d'une paralysie plus ou moins complète.

La première indication est d'expulser des voies digestives les molécules métalliques, et nous adoptons, pour la remplir, comme la mieux éprouvée, et celle qui nous a toujours réussi, la méthode mise depuis long-temps en usage à Paris, dans l'hôpital de la Charité.

On donnera, dès le premier jour, au malade un lavement avec une quantité suffisante de gros vin et d'huile de noix battus ensemble ; une ou deux heures après on en administrera un autre composé comme il suit :

Séné mondé.......... 2 gros.
Électuaire diaphénix.... 1 once.
Bénédicte laxatif..... 4 gros.
Miel mercuriel........ 2 onces.
La pulpe d'une coloquinte.

Faites bouillir toutes ces substances dans une chopine d'eau, et passez.

Après l'effet de ce lavement, on répétera celui d'huile et de gros vin. Le jour suivant, on fera vomir le malade avec trois ou quatre grains d'émétique en lavage, et aussitôt après l'action du vomitif, on fera prendre un gros de thériaque, avec un grain de *laudanum opiatum*.

Le troisième jour, on purgera avec la médecine suivante :

Séné mondé.... }
Tamarin....... } de chaque 1 once.
Sel d'epsom.... }
Sel de tartre..... 2 onces.

Faites bouillir le tout dans une pinte d'eau, passez et faites dissoudre dans la colature,

Électuaire diaphénix... 4 gros.
Sirop de noirprun. ... 4 gros.

On partage cette potion purgative en plusieurs verres,

que l'on donnera à trois quarts d'heure de distance l'un de l'autre, dans la matinée.

On soutiendra les remèdes ci-dessus indiqués, avec un demi-gros de thériaque et un grain de *laudanum opiatum* donnés tous les soirs, et par la tisane sudorifique suivante :

Bois de gaïac.........	de chaque 4 gros.
—— de sassafras.......	
Racine de squine......	de chaque 3 onces.
——— de salsepareille..	
——— de bardane.....	

On fera macérer le tout, pendant douze heures, dans un vase de terre vernissé, et dans trois chopines d'eau qu'on laissera réduire à deux par ébullition : le malade en boira plusieurs verres par jour.

Enfin, si le malade ressent des engourdissemens dans les articulations, quelques menaces de paralysie, ou si ses forces étaient trop abattues, on finirait par mettre en usage la potion cordiale suivante :

Eau de mélisse simple..	de chaque 1 once.
—— de chardon béni...	
—— des trois noix......	2 onces.
Confection d'hyacinthe...	3 gros.
Sirop d'œillet...........	1 once.

Mêlez, pour une potion à prendre à la dose d'une cuillerée ordinaire par heure.

Lorsque la colique métallique a été attaquée dès les premiers jours de son existence, on parvient le plus souvent à en obtenir la guérison au bout d'une semaine : si les douleurs ne sont pas alors totalement calmées, il faut continuer la marche que nous venons d'indiquer, et placer les purgatifs aussi près les uns des autres, que les forces du malade le permettront. Dans les jours d'intervalle des purgations, on pourra donner les bols composés comme il suit :

Aloës succotrin........ Extrait de rhubarbe....	de chaque 10 grains.
Extrait d'ellébore....... ——— de diagrède..... ——— de jalap.......	de chaque 14 grains.

Sirop de noirprun, suffisante quantité pour faire cinq à six bols que le malade prendra la veille du purgatif.

L'emploi de tous ces moyens sera varié et modifié suivant les forces et l'âge du sujet, et selon l'intensité de la maladie.

DU MERCURE.

Le mercure altère l'économie animale par son accumulation dans le corps, au moyen de l'absorption cutanée, et par l'introduction dans la bouche et les narines, de la vapeur qu'il forme en se volatilisant.

L'introduction dans notre corps, par la bouche et

les narines, des vapeurs du mercure volatilisé, cause des maux bien plus terribles que son accumulation sous toute autre forme. Ceux qui exploitent les mines de mercure sont continuellement au milieu de ces vapeurs, et en éprouvent quelquefois malheureusement d'horribles effets. On rapporte en avoir vu quelques-uns, après un séjour long-temps prolongé dans les mines, être tellement pénétrés de mercure, que le cuivre appliqué sur leurs lèvres ou frotté dans leurs mains, blanchissait aussitôt.

Voici le tableau des accidens successifs auxquels sont exposés les mineurs et les différens ouvriers habituellement en contact avec les vapeurs du mercure.

Teint jaune et cuivreux, ophtalmie, démangeaison et ulcération des paupières, mouvement involontaire et plus ou moins rapide des extrémités, douleurs de tête, douleurs à la région lombaire, coliques, constipation, quelquefois dévoiement, difficulté de respirer, chute de dents, paralysie, enfin asthme rebelle : en général, les malades tombent dans un état de marasme et meurent au milieu des convulsions.

Des observations ont démontré que le mercure peut fixer son action sur la tunique fibreuse des artères, et les disposer, en les affaiblissant, aux anévrismes.

Le genre d'occupation des malades renouvelle souvent leurs infirmités. Quoi qu'il en soit, voici les remèdes qu'il faut opposer aux accidens causés par la vapeur du mercure.

Éloignez d'abord les mineurs du lieu de leurs travaux, et qu'ils ne les reprennent qu'après entière guérison ; placez-les dans un air pur et tempéré.

Donnez pour boisson la tisane de scorsonère, de chardon béni, de scordium, de fleurs d'arnica, coupée avec le vin, ou mieux encore, la tisane sudorifique suivante :

Prenez bois de gaïac réduit en poudre, racine de squine, de chaque une once, celles de salsepareille et de bardane, de chaque une once et demie ; faites macérer le tout très-chaudement dans un vase de terre et dans six livres d'eau, l'espace de douze heures ; ensuite, faites bouillir, à la réduction de quatre livres ; ajoutez à la fin, dans le vase qu'on aura soin de tenir bien fermé, de la raclure de bois de sassafras une demi-once, réglisse ratissé deux gros, semence d'anis et de coriandre, de chaque une pincée ; coulez. Le malade en boira quatre verres par jour.

Il sera purgé avec deux gros de séné, une demi-once de sel d'epsom, et deux onces de manne qu'on fera infuser dans un verre d'eau de chicorée amère, et qu'on passera pour une potion purgative : en général, on tiendra au malade le ventre libre au moyen de lavemens.

Si le mineur est atteint de l'ophtalmie, on la combattra par des fomentations et des bains continuels des yeux dans l'eau fraîche, par des bains de jambes soir et matin, et par une décoction d'orge nitré pour boisson.

Si ces moyens ne réussissaient pas, et s'il restait de la rougeur et des ulcérations aux paupières, il faudrait se servir d'une pommade faite avec demi-once de beurre frais et six grains de précipité rouge bien porphirisé. On prend de cette pommade la grosseur d'un petit pois, qu'on étend le long des cils et des paupières le soir en se couchant.

Lorsque les symptômes que nous avons décrits auront disparu, les malades seront mis à la diète lactée, à l'usage des bouillons de poulets ou de grenouilles, et en général d'alimens adoucissans. C'est à l'aide de ces moyens et du séjour plus ou moins long qu'ils feront au milieu d'un bon air, qu'ils pourront parvenir à la guérison.

On fortifiera, à la suite, par l'usage des amers et des antiscorbutiques, la constitution énervée. Le chirurgien d'ailleurs suppléera à ce qui serait omis sur ces conseils diététiques, et il apportera au traitement les modifications que les circonstances pourraient exiger.

ÉTAT

Des Médicamens qui doivent se trouver près des Mines et Usines, selon la nature des accidens auxquels les Ouvriers sont exposés.

1.° Dans les *mines de houille*, ainsi que dans toutes les *usines*, comme remèdes propres aux brûlures :

Acétate de plomb liquide.
Cérat jaune solide.
Alcohol camphré.
Quinquina.
Diascordium.
Charpie, bandes et compresses.

2.° Dans les *mines de plomb*, sur-tout dans les usines où l'on traite ce métal, comme remèdes contre la maladie dite *colique de plomb* :

Séné.
Électuaire diaphénix.
——— bénédicte laxatif.
Miel mercuriel.
Coloquinte.
Huile de noix.
Émétique en poudre.
Thériaque.
Laudanum opiatum.
Tamarin.

Sel d'epsom.
Sel de tartre.
Sirop de noirprun.
Squine.
Salsepareille.
Bardane.
Eau de mélisse simple.
—— de chardon béni.
—— des trois noix.
Confection d'hyacinthe.
Sirop d'œillet.
Masse de bols composés.

3.° Dans les *mines ou usines d'où il s'exhale des vapeurs arsenicales :*

Gomme arabique.
Sulfure de potasse liquide.
Huit petits flacons hermétiquement bouchés.

On emploiera cette préparation à dose triple du sulfure sec, lequel s'altère en peu de temps.

4.° Dans les *mines de mercure* et les usines où l'on traite ce métal :

Bois de gaïac en poudre grossière.
Racine de squine coupée.
Salsepareille.
Racine de bardane sèche.
Sassafras râpé.
Semences d'anis.
——— de coriandre.
Séné.

Sel d'epsom

Manne en sorte.

Précipité rouge.

Amers et Anti scorbutiques...	Teinture de raifort.
	——— de gentiane.

COMPOSITION

DE LA BOÎTE DE SECOURS.

UNE paire de ciseaux à pointes mousses.

Un double levier.

Deux vessies.

Deux frottoirs de laine.

Deux chemises de laine à cordons.

Un bonnet de laine.

Une couverture.

Une bouteille d'eau-de-vie camphrée.

Une bouteille d'eau-de-vie camphrée et ammoniacée.

Trois petits flacons, dont un d'alkali-fluor, un d'eau de mélisse ou d'eau de Cologne, un de vinaigre antiseptique ou des quatre-voleurs.

Une cuiller de fer étamée.

Un gobelet d'étain.

Une canule munie d'un petit soufflet, propre à être introduite dans les narines.

Une canule de gomme élastique.

Un soufflet.

Un petit miroir.

Des

Des plumes pour châtouiller le dedans du nez et de la gorge.

Une seringue ordinaire avec ses tuyaux.

Deux bandes à saigner.

Une petite boîte renfermant plusieurs paquets d'émétique de trois grains chacun.

Charpie mollette.

Une boîte à briquet garnie de ses ustensiles, avec amadou et allumettes.

Nouet de soufre et de camphre pour la conservation des ustensiles de laine.

Séné, une livre.

Sel d'epsom, deux livres.

Vin émétique trouble, une bouteille de pinte.

Vinaigre fort, une bouteille.

APPROUVÉ par le Ministre de l'intérieur, Comte de l'Empire.

Paris, le 9 février 1813.

Signé MONTALIVET.

DÉCRET IMPÉRIAL

Contenant des Dispositions de police relatives à l'Exploitation des Mines.

Au palais impérial des Tuileries, le 3 Janvier 1813.

NAPOLÉON, EMPEREUR DES FRANÇAIS, ROI D'ITALIE, PROTECTEUR DE LA CONFÉDÉRATION DU RHIN, MÉDIATEUR DE LA CONFÉDÉRATION SUISSE;

Sur le rapport de notre Ministre de l'intérieur;

Les événemens survenus récemment dans l'exploitation des mines de quelques départemens de notre Empire, ayant excité, d'une manière particulière, notre sollicitude en faveur de nos sujets occupés journellement aux travaux des mines, nous avons reconnu que ces accidens peuvent provenir, 1.° de l'inexécution des clauses des cahiers des charges imposées aux concessionnaires pour la solidité de leurs travaux; 2.° du défaut de précaution contre les inondations souterraines et l'inflammation des vapeurs méphitiques et délétères; 3.° du défaut de subordination des ouvriers; 4.° de la négligence des propriétaires des mines à leur procurer les secours nécessaires; et voulant prévenir, autant qu'il est en nous, le retour de ces malheurs, par des mesures de police spécialement applicables à l'exploitation des mines;

Notre Conseil d'état entendu,

Nous AVONS DÉCRÉTÉ et DÉCRÉTONS ce qui suit:

TITRE I.er

Dispositions préliminaires.

ARTICLE PREMIER.

Les exploitans des mines qui, conformément aux dispositions de la loi du 21 avril 1810, ont le droit d'obtenir les concessions de leurs exploitations actuelles, seront tenus d'en former la demande, dans le délai d'un an, à dater de la publication du présent décret.

2.

Leurs demandes seront adressées aux Préfets, qui leur en feront délivrer certificat, et qui les feront passer au directeur général des mines, avec leur avis et celui de l'ingénieur, sur la fixation définitive des limites des concessions demandées.

TITRE II.

Dispositions tendant à prévenir les accidens.

3.

Lorsque la sûreté des exploitations ou celle des ouvriers pourra être compromise par quelque cause que ce soit, les propriétaires seront tenus d'avertir l'autorité locale de l'état de la mine qui serait menacée ; et l'ingénieur des mines, aussitôt qu'il en aura connaissance, fera son rapport au préfet, et proposera la mesure qu'il croira propre à faire cesser la cause du danger.

4.

Le préfet, après avoir entendu l'exploitant ou ses ayans-cause dûment appelés, prescrira les dispositions convenables, par un arrêté qui sera envoyé au directeur général des mines, pour être approuvé, s'il y a lieu, par le Ministre de l'intérieur.

En cas d'urgence, l'ingénieur en fera mention spéciale dans son rapport, et le préfet pourra ordonner que son arrêté soit provisoirement exécuté.

5.

Lorsqu'un ingénieur, en visitant une exploitation, reconnaîtra une cause de danger imminent, il fera sous sa responsabilité les réquisitions nécessaires aux autorités locales, pour qu'il y soit pourvu sur-le-champ, d'après les dispositions qu'il jugera convenables, ainsi qu'il est pratiqué en matière de voirie, lors du péril imminent de la chute d'un édifice.

6.

Il sera tenu, sur chaque mine, un registre et un plan, constatant l'avancement journalier des travaux, et les circonstances de l'exploitation dont il sera utile de conserver le souvenir. L'ingénieur des mines devra, à chacune de ses tournées, se faire représenter ce registre et ce plan ; il y insérera le procès-verbal de visite et ses observations sur la conduite des travaux. Il laissera à l'exploitant, dans tous les cas où il le jugera utile, une instruction, écrite sur le registre, contenant les mesures à prendre sur la sûreté des hommes et celle des choses.

7.

Lorsqu'une partie ou la totalité d'une exploitation sera dans un état de délabrement ou de vétusté, tel que la vie des hommes aura été compromise ou pourrait l'être, et que l'ingénieur des mines ne jugera pas possible de la réparer convenablement, l'ingénieur en fera son rapport motivé au préfet, qui prendra l'avis de l'ingénieur en chef, et entendra l'exploitant ou ses ayans-cause.

Dans le cas où la partie intéressée reconnaîtrait la réalité du danger indiqué par l'ingénieur, le préfet ordonnera la fermeture des travaux.

En cas de contestations, trois experts seront nommés, le premier par le préfet, le second par l'exploitant, et le troisième par le juge de paix du canton.

Les experts se transporteront sur les lieux; ils y feront toutes les vérifications nécessaires, en présence d'un membre du conseil d'arrondissement, délégué à cet effet par le préfet, et avec l'assistance de l'ingénieur en chef: ils feront au préfet un rapport motivé.

Le préfet en référera au Ministre, en donnant son avis.

Le Ministre, sur l'avis du préfet, et sur le rapport du directeur général des mines, pourra statuer, sauf le recours au Conseil d'état.

Le tout, sans préjudice des dispositions portées, pour les cas d'urgence, dans l'article 4 du présent décret.

8.

Il est défendu à tout propriétaire d'abandonner en totalité une exploitation, si auparavant elle n'a été visitée par l'ingénieur des mines.

Les plans intérieurs seront vérifiés par lui; il en dressera procès-verbal, par lequel il fera connaître les causes qui peuvent nécessiter l'abandon.

Le tout sera transmis par lui, ainsi que son avis, au préfet du département.

9.

Lorsque l'exploitation sera de nature à être abandonnée par portions ou par étages, et à des époques différentes, il y sera procédé successivement et de la manière ci-dessus indiquée.

Dans les deux cas, le préfet ordonnera les dispositions de police, de sûreté et de conservation, qu'il jugera convenables, d'après l'avis de l'ingénieur des mines.

10.

Les actes administratifs concernant la police des mines, en matières dont il a été fait mention dans les articles pécédens, seront notifiés aux exploitans, afin qu'ils s'y conforment dans lés délais prescrits; à défaut de quoi, les contraventions seront constatées par procès-verbaux des ingénieurs des mines, conducteurs, maires, autres officiers de police, gardes-mines : on se conformera à cet égard aux articles 93 et suivans de la loi du 21 avril 1810, et, en cas d'inexécution, les dispositions qui auront été prescrites seront exécutées d'office, aux frais de l'exploitant, dans les formes établies par l'article 37 du décret impérial du 18 novembre 1810.

TITRE III.

Mesures à prendre, en cas d'accidens arrivés dans les Mines, Minières, Usines et Ateliers.

11.

En cas d'accidens survenus dans une mine, minière, usine et ateliers qui en dépendent, soit par éboulement, par inondation, par le feu, par asphyxie, par rupture des machines, engins, câbles, chaînes, paniers, soit par émanations nuisibles, soit par toute autre cause, et qui auraient occasionné la mort ou des blessures graves à un ou plusieurs ouvriers, les exploitans, directeurs, maîtres mineurs et autres préposés sont tenus d'en donner connaissance aussitôt au maire de la commune et à l'ingénieur des mines, et, en cas d'absence, au conducteur.

12.

La même obligation leur est imposée dans le cas où l'accident compromettrait la sûreté des travaux, celle des mines, ou des propriétés de la surface, et l'approvisionnement des consommateurs.

13.

Dans tous les cas, l'ingénieur des mines se transportera sur les lieux; il dressera procès-verbal de l'accident, séparément, ou concurremment avec les maires et autres officiers de police ; il en constatera les causes, et transmettra le tout au préfet du département.

En cas d'absence, les ingénieurs seront remplacés par les élèves, conducteurs et gardes-mines assermentés devant les tribunaux. Si les uns et les autres sont absens, les maires ou autres officiers de police nommeront les experts à ce connaissant, pour visiter l'exploitation et mentionner leurs dires dans un procès-verbal.

14.

Dès que le maire et autres officiers de police auront été avertis, soit par les exploitans, soit par la voix publique, d'un accident arrivé dans une mine ou usine, ils en préviendront immédiatement les autorités supérieures. Ils prendront, conjointement avec l'ingénieur des mines, toutes les mesures convenables pour faire cesser le danger et en prévenir la suite. Ils pourront, comme dans le cas de péril imminent, faire des réquisitions d'outils, chevaux, hommes, et donneront les ordres nécessaires.

L'exécution des travaux aura lieu sous la direction de l'ingénieur et des conducteurs, ou, en cas d'absence, sous la direction des experts délégués à cet effet par l'autorité locale.

15.

Les exploitans seront tenus d'entretenir sur leurs établissemens, dans la proportion du nombre d'ouvriers et de l'étendue de l'exploitation, les médicamens et les moyens de secours qui leur seront indiqués par le Ministre de l'intérieur, et de se conformer à l'instruction réglementaire qui sera approuvée par lui à cet effet.

16.

Le Ministre de l'intérieur, sur la proposition des préfets et le rapport du directeur général des mines, indiquera celles des exploitations qui, par leur importance et le nombre des ouvriers qu'elles emploient, devront avoir et entretenir, à leurs frais, un chirurgien spécialement attaché au service de l'établissement.

Un seul chirurgien pourra être attaché à plusieurs établissemens à-la-fois, si ces établissemens se trouvent dans un rapprochement convenable; son traitement sera à la charge des propriétaires, proportionnellement à leur intérêt.

17.

Les exploitans et directeurs des mines voisines de celle où il serait arrivé un accident, fourniront tous les moyens de secours dont ils pourront disposer, soit en hommes, soit de toute autre manière, sauf le recours, pour leur indemnité, s'il y a lieu, contre qui de droit.

18.

Il est expressément prescrit aux maires et autres officiers de police, de se faire représenter les corps des ouvriers qui auraient péri par accident dans une exploitation, et de ne permettre leur inhumation qu'après que le procès-verbal de l'accident aura été dressé, conformément à l'art. 81 du Code Napoléon, et sous les peines portées dans les articles 358 et 359 du Code pénal.

19.

Lorsqu'il y aura impossibilité de parvenir jusqu'au lieu où se trouvent les corps des ouvriers qui auront péri dans les travaux, les exploitans, directeurs et autres ayans-cause, seront tenus de faire constater cette circonstance par le maire ou autre officier public, qui en dressera procès-verbal et le transmettra au procureur impérial, à la diligence duquel, et sur l'autorisation du tribunal, cet acte sera annexé au registre de l'état civil.

20.

Les dépenses qu'exigeront les secours donnés aux blessés, noyés ou asphyxiés, et la réparation des travaux, seront à la charge des exploitans.

21.

De quelque manière que soit arrivé un accident,

les ingénieurs des mines, maires et autres officiers de police transmettront immédiatement leurs procès-verbaux aux sous-préfets et aux procureurs impériaux. Les procès-verbaux devront être signés et déposés dans les délais prescrits.

22.

En cas d'accidens qui auraient occasionné la perte ou la mutilation d'un ou plusieurs ouvriers, faute de s'être conformés à ce qui est prescrit par le présent réglement, les exploitans, propriétaires et directeurs pourront être traduits devant les tribunaux, pour l'application, s'il y a lieu, des dispositions des articles 319 et 320 du code pénal, indépendamment des dommages et intérêts qui pourraient être alloués au profit de qui de droit.

TITRE IV.

Dispositions concernant la Police du Personnel.

SECTION I.re

Des Ingénieurs, Propriétaires de Mines, Exploitans et autres Préposés.

23.

Indépendamment de leurs tournées annuelles, les ingénieurs des mines visiteront fréquemment les exploitations dans lesquelles il serait arrivé un accident, ou qui exigeraient une surveillance particulière.

Les procès-verbaux seront transcrits sur un registre ouvert à cet effet dans les bureaux des ingénieurs ; ils seront en outre transmis aux préfets des départemens.

24.

Les propriétaires des mines, exploitans et autres préposés, fourniront aux ingénieurs et autres conducteurs tous les moyens de parcourir les travaux, et notamment de pénétrer sur tous les points qui pourraient exiger une surveillance spéciale. Ils exhiberont le plan tant intérieur qu'extérieur, et les registres de l'avancement des travaux, ainsi que du contrôle des ouvriers ; ils leur fourniront tous les renseignemens sur l'état d'exploitation, la police des mineurs et autres employés ; ils les feront accompagner par les directeurs et maîtres mineurs, afin que ceux-ci puissent satisfaire à toutes les informations qu'il serait utile de prendre sur les rapports de sûreté et de salubrité.

SECTION II.

Des Ouvriers.

25.

A l'avenir, ne pourront être employés en qualité de maîtres mineurs ou chefs particuliers de travaux des mines et minières, sous quelque dénomination que ce soit, que des individus qui auront travaillé comme mineurs, charpentiers, boiseurs ou mécaniciens, depuis au moins trois années consécutives.

26.

Tout mineur de profession ou autre ouvrier employé, soit à l'intérieur, soit à l'extérieur, dans l'exploitation des mines et minières, usines et ateliers en dépendans, devra être pourvu d'un livret et se conformer aux dispositions de l'arrêté du 9 frimaire an 12.

Les registres d'ordre, sur lesquels l'inscription aura lieu dans chaque commune, seront conservés au greffe de la municipalité, pour y recourir au besoin.

Il est défendu à tout exploitant d'employer aucun individu qui ne serait pas porteur d'un livret en règle portant l'acquit de son précédent maître.

27.

Indépendamment des livrets et registres d'inscription à la mairie, il sera tenu, sur chaque exploitation, un contrôle exact et journalier des ouvriers qui travaillent, soit à l'intérieur, soit à l'extérieur des mines, minières, usines et ateliers en dépendans : ces contrôles seront inscrits sur un registre qui sera coté par le maire, et paraphé par lui tous les mois.

Ce registre sera visé par les ingénieurs, lors de leur tournée.

28.

Dans toutes leurs visites, les ingénieurs des mines

devront faire faire, en leur présence, la vérification du contrôle des ouvriers.

Le maire de la commune pourra faire cette vérification quand il le jugera convenable, sur-tout dans le moment où il y aura lieu de présumer qu'il peut y avoir quelque danger pour les individus employés aux travaux.

29.

Il est défendu de laisser descendre ou travailler dans les mines et minières les enfans au-dessous de dix ans.

Nul ouvrier ne sera admis dans les travaux s'il est ivre ou en état de maladie : aucun étranger n'y pourra pénétrer sans la permission de l'exploitant ou du directeur, et s'il n'est accompagné d'un maître mineur.

30.

Tout ouvrier qui, par insubordination ou désobéissance envers le chef des travaux, contre l'ordre établi, aura compromis la sûreté des personnes ou des choses, sera poursuivi et puni selon la gravité des circonstances, conformément à la disposition de l'article 22 du présent décret.

TITRE V.

DISPOSITIONS GÉNÉRALES.

31.

Les contraventions aux dispositions de police ci-dessus, lors même qu'elles n'auraient pas été suivies d'accidens, seront poursuivies et jugées conformément au titre X de la loi du 21 avril 1810, sur les mines, minières et usines.

32.

Notre Ministre de l'intérieur est chargé de l'exécution du présent décret, qui sera inséré au Bulletin des lois.

Signé NAPOLÉON.

Par l'Empereur :

Le Ministre Secrétaire d'état, par intérim,

Signé DUC DE CADORE.

Pour ampliation :

Le Ministre de l'intérieur, Comte de l'Empire,

Signé MONTALIVET.

Pour copie conforme :

Le Conseiller d'état à vie, Directeur général des mines,

Signé LE COMTE LAUMOND.

www.ingramcontent.com/pod-product-compliance
Ingram Content Group UK Ltd.
Pitfield, Milton Keynes, MK11 3LW, UK
UKHW020451180726
13839UKWH00004B/1755